- En cadeau -

LA VERSION AUDIO DU LIV

COMMENT ÇA MARCHE ?

1

Téléchargez l'app

Quelle Histoire

2

Déverrouillez

votre livre

3

Écoutez

votre histoire

- Collection -
THÉMATIQUES

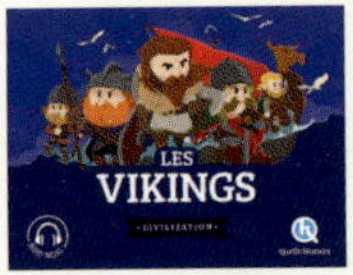

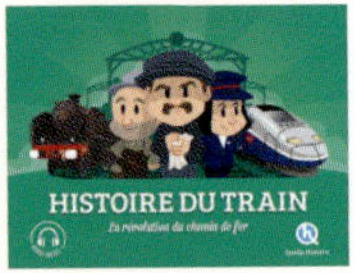

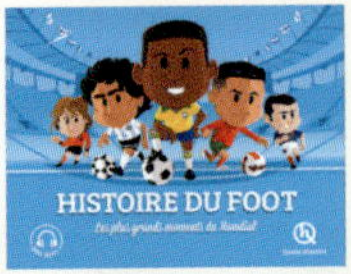

Quelle Histoire

Édition et conception : Unique Heritage Editions SAS. 141, boulevard Ney 75018 Paris
Illustrations : Bruno Wennagel, Mathieu Ferret, Nuno Alves Rodrigues, Camille Mertz, Marianne Tesseraud
Textes : Patricia Crété
Édition : Nicolas Ferreira
Direction artistique : Kagna Toung
Maquette : Marie Colas

Siège social : 141, boulevard Ney 75018 Paris

www.quellehistoire.com

Fabriqué par Labelfab / Imprimé en France par Stin Imprimerie - Toulouse

Dépôt légal mai 2023

Loi n°49-956 du 16 juillet 1949 sur les publications destinées à la jeunesse

PEFC 10-31-2841

FABRIQUÉ EN FRANCE

Montgomery

L'enfant terrible

Bernard Law Montgomery naît en 1887 à Londres, dans une famille nombreuse de neuf enfants, dont le père est un pasteur anglican. En 1889, ce dernier est nommé en Tasmanie, une région d'Australie, à l'autre bout du monde. Bernard est un véritable garnement, comme il l'écrira plus tard : « J'étais l'enfant terrible de la famille, le révolté, et le résultat fut que j'appris de bonne heure à prendre mes responsabilités. » De retour à Londres, en 1901, il devient ainsi le capitaine des équipes de rugby et de cricket de son nouveau collège. Et, plus tard, il sera chef dans l'armée, tu vas voir.

1887 - 1907

Le jeune militaire

Bernard veut absolument faire carrière dans l'armée, mais il a des difficultés pour suivre les cours et doit travailler deux fois plus pour rattraper son retard. Il réussit pourtant, en 1907, à entrer au collège militaire de Sandhurst, de très bonne réputation. Quelle chance, si tu savais ! Nommé sous-lieutenant en septembre 1908, il rejoint le 1er bataillon britannique basé à Peshawar (actuel Pakistan), puis il est muté à Bombay, en Inde. Mais, en août 1914, la Première Guerre mondiale éclate en Europe et le Royaume-Uni s'allie à la France et la Russie pour s'opposer à l'Allemagne et l'Autriche-Hongrie.

1907 - 1914

La Première Guerre mondiale

Les Britanniques rappellent leurs soldats basés en Inde, dont Montgomery bien sûr, et, le 26 septembre, ils débarquent à Marseille pour rejoindre le front Nord. Il s'agit de soutenir les Français contre l'attaque allemande, notamment les habitants de Méteren, une petite ville à la frontière belge. Montgomery raconte à sa mère dans des lettres très détaillées comment « il fait sortir l'ennemi des tranchées à la force de la baïonnette ». Le 13 octobre 1914, il est grièvement blessé, mais s'en sort miraculeusement. Il participera ensuite à la bataille du Chemin des Dames en 1917 et termine la guerre avec le grade de lieutenant-colonel.

1914 - 1918

Une nouvelle façon de faire la guerre

La paix revenue, Montgomery continue sa carrière militaire. Il s'intéresse à de nouvelles tactiques de progression sur les champs de bataille, qu'il explique dans des brochures et des manuels d'entraînement, critiquant souvent le haut commandement. En 1927, il épouse Elizabeth Carver, et David, leur fils, naît l'année suivante. Il est muté à l'étranger, mais une nouvelle guerre éclate en Europe. Le 3 septembre 1939, la France et le Royaume-Uni déclarent la guerre à l'Allemagne, qui vient d'envahir la Pologne. Nommé commandant de la 3e division d'infanterie anglaise, « la Division de fer », il rejoint alors le nord de la France.

1919 - 1939

Le vainqueur d'El-Alamein

Pendant six mois, rien ne se passe. Mais, en mai 1940, les Allemands attaquent du côté de Dunkerque et les Britanniques décident d'évacuer en catastrophe leurs soldats. Montgomery, de retour en Angleterre, continue d'entraîner ses troupes. Il rencontre le Premier ministre britannique Winston Churchill, qui le nomme, en août 1942, chef de la 8e armée, engagée en Afrique du Nord contre l'armée allemande. Et devine : grâce à sa nouvelle façon de combattre, il remporte peu après la victoire d'El-Alamein. Surnommé « Monty », il devient une personnalité avec, sur la tête, son légendaire béret.

1940 - 1943

La Sicile et l'Italie

Toujours à la tête de la 8e armée, Montgomery est envoyé ensuite en Sicile où il doit coopérer avec le général Patton, commandant de la 7e armée américaine. Le Britannique continue de critiquer le haut commandement inexistant, le système de transmission inadéquat, les armes et les équipements inadaptés, etc. Pourtant, l'opération est un succès. Le 3 septembre, l'Italie capitule et l'armistice est signé. Mais les décisions en haut lieu ne lui conviennent toujours pas. Alors, le 23 décembre 1943, il rentre en Angleterre pour préparer dans le plus grand secret l'opération Overlord.

1943

Le débarquement en Normandie

Nommé à la tête du 21e groupe d'armées par le général américain Eisenhower, chef suprême des forces alliées en Europe, Montgomery travaille sur l'opération Overlord. Trois plages ont été choisies : Utah et Omaha où débarqueront les Américains, et Gold pour les Anglais. Mais Eisenhower et Montgomery vont y rajouter : Juno pour les Anglais et les Canadiens, et Sword pour les Anglais et les Français. Dans la nuit du 5 au 6 juin, des parachutistes sont largués à l'arrière des plages et, à l'aube, 5 000 bateaux s'approchent des côtes. À la fin de la journée, plus de 130 000 hommes ont débarqué sur les cinq plages.

---

6 juin 1944

La bataille de Normandie

Trois jours plus tard, c'est à bord d'une Rolls-Royce que le général Montgomery débarque à son tour sur la plage de Juno, une façon originale, et souvent critiquée, de montrer à ses hommes que la situation est sous contrôle… Il installe son Q.G. au château de Creullet, dans le Calvados, et, de là, supervise l'avancée des troupes en Normandie. Caen est enfin prise le 19 juillet, le Cotentin est occupé, les Allemands, encerclés à Falaise, se rendent, et Le Havre est libéré le 12 septembre. Les opérations de Normandie sont terminées. En plus de 100 jours de campagne, ce sont plus de 2 millions de soldats qui ont débarqué, tu imagines !

Été 1944

Victoire sur l'Allemagne

Pour féliciter Montgomery de ses succès en Normandie, Churchill le nomme, le 1er septembre, maréchal… Une grande fierté pour le petit garnement. Mais la guerre continue et, une fois encore, Montgomery n'en fait qu'à sa tête. Au lieu d'attaquer l'Allemagne de front, il se dirige vers les pays du Nord et réussit à occuper tout le nord de l'Allemagne, le Danemark et les Pays-Bas. Il signe le 4 mai 1945, à Lunebourg (en Basse-Saxe), la capitulation officielle des forces du IIIe Reich dans cette région, quelques jours avant le 8 mai, date de la capitulation de l'Allemagne, jour férié en France.

Des années bien occupées

Devenu en 1946 « le vicomte Montgomery d'El-Alamein », il est nommé chef d'état-major de l'armée impériale britannique, puis commandant en chef adjoint des forces atlantiques en Europe, l'OTAN, avant de prendre sa retraite en 1958. C'est alors qu'il publie ses Mémoires. On peut y lire sa conception du rôle de chef des armées, un texte enseigné aujourd'hui encore dans les écoles militaires. En 1976, il meurt à son domicile de Bentley, près d'Alton. Celui qui reçut plus d'une vingtaine de décorations a droit à des funérailles nationales à la chapelle Saint-Georges de Windsor, à Londres.

1946 - 1976

1886

1887
Naissance à Londres de Bernard Law Montgomery, 4e enfant de la fratrie, le 17 novembre.

1907
Entrée de Bernard au collège militaire de Sandhurst.

1914
Montgomery est gravement blessé à Méteren le 13 octobre.

1940
Il organise l'évacuation à Dunkerque des troupes britanniques.

1942
Chef de la 8e armée, il remporte la victoire d'El-Alamein le 3 novembre.

1943
Opération Husky : il débarque en Sicile le 10 juillet et en Italie le 3 septembre.

1944
Débarquement des troupes alliées sur les plages d'Utah, Omaha, de Gold, Juno et Sword, le 6 juin.

1944
Bataille de Normandie, du 6 juin au 12 septembre.

1944
Il est nommé maréchal par Churchill le 1er septembre.

1944-1945
Campagne dans le nord de l'Europe : libération de la Belgique, des Pays-Bas et du Danemark.

1945
Capitulation de l'Allemagne le 8 mai.

1946
Il est anobli et reçoit le titre de vicomte Montgomery d'El-Alamein.

1951-1958
Il est nommé commandant en chef adjoint des forces atlantiques en Europe, l'OTAN.

1958
Il prend sa retraite dans sa maison de Bentley.

1976
Mort de Montgomery le 24 mars. Après des funérailles nationales à Windsor, il est enterré dans le cimetière de son village.

1977

Le parcours de Montgomery

Légende de LA CARTE

1 Méteren (Nord)

C'est près de ce village du nord de la France qu'il est blessé en octobre 1914. Le monument aux morts honore les 110 soldats méterennois morts pendant la guerre, qui donna lieu à la destruction du village en avril 1918.

2 Whitehall (Londres)

Siège du gouvernement du Royaume-Uni, il abrite les bureaux des ministères, de l'Amirauté, de l'armée, du Trésor et la résidence du Premier ministre. Et, à l'entrée, se dresse une statue du maréchal Montgomery.

3 Colleville-Montgomery (Calvados)

Après le débarquement sur la plage toute proche de Juno, cette ville, nommée Colleville-sur-Orne, a été rebaptisée « Colleville-Montgomery » en son honneur en 1946. Depuis 1996, on peut y admirer une statue de Monty.

4 Caen (Calvados)

Il aura fallu six semaines de combats pour que la ville tombe enfin le 19 juillet 1944. Mais 2300 tonnes de bombes ont détruit totalement la cité et plus de 2000 habitants ont perdu la vie. Le Mémorial de Caen rappelle cette bataille.

5 Bentley (Hampshire)

Dans ce petit village, tout près d'Alton, Montgomery acheta en 1947 une maison, Isington Mill. Il y finit ses jours et fut enterré dans le cimetière tout proche de Binsted après des funérailles nationales à Windsor.

6 Creully (Calvados)

C'est dans le parc du château de Creullet, classé en partie aux Monuments historiques, qu'il installe son Q.G. pendant la bataille de Normandie. Il y reçoit Eisenhower, de Gaulle, Churchill ainsi que le roi George VI.

Maud Farrar

(1864-1949)

Elle épouse à Londres, le 28 juillet 1881, alors qu'elle n'a que 17 ans, le pasteur Henry Hutchinson Montgomery. Ils auront 9 enfants, dont Bernard Law, le 4e, qu'elle élève, comme le reste de cette famille nombreuse, d'une main de fer.

Winston Churchill

(1874-1965)

Célèbre pour son humour, son courage et sa volonté, il est l'homme qui incarne la résistance des Britanniques pendant la guerre. Nommé Premier ministre en mai 1940, il confie à Montgomery la 8e armée.

Elizabeth Carver

(1889-1937)

Veuve d'un officier anglais, Elizabeth, dite Betty, rencontre Montgomery en Suisse. Ils se marient à Londres le 27 juillet 1927. L'année suivante, ils auront un fils, David. Elle décède d'une septicémie en décembre 1937.

Erwin Rommel

(1891-1944)

Commandant en chef de l'armée allemande d'Afrique de 1941 à 1943, il est battu par les troupes de Montgomery. De retour en France, il sévit sur le front de l'Ouest lors de la campagne de Normandie.

L'atelier de

DESSIN

Apprends à dessiner le personnage de ton livre en 4 étapes.

Étape 1

Avec un crayon à papier, trace des formes arrondies pour créer la structure du personnage.

Étape 2

Toujours au crayon à papier, commence à préciser la forme du visage et des vêtements.

Étape 3

Garde ton crayon à papier pour ajouter des détails : le visage et quelques accessoires.

Étape 4

Au stylo, repasse sur les traits pour faire apparaître ton personnage, puis gomme le croquis.

Le jeu des
7 ERREURS

Trouve les 7 différences entre l'image de gauche et l'image de droite.

Solution : la moustache, la casquette, la feuille, le fil du micro, le stylo, les lunettes, l'épaulette.

Le jeu du LABYRINTHE

Aide le soldat à trouver le chemin de son campement.

Solution : le bon chemin est le numéro 5.

Le jeu des OMBRES

Trouve la bonne ombre de Winston Churchill.

Bonne réponse : l'ombre e.

Le jeu du

QUIZ

1. Dans quelle ville Montgomery est-il grièvement blessé ?

a. Paris
b. Méteren
c. Caen
d. Bombay

2. En 1939, Montgomery dirige la Division de...

a. Cristal
b. Cobalt
c. Fer
d. Diamant

3. Quelle opération prépare-t-il en secret avec Eisenhower ?

a. Fortitude
b. Cobalt
c. Tigre
d. Overlord

Bonnes réponses : 1.b / 2.c / 3.d.

- Collection -
ENCYCLOPÉDIES

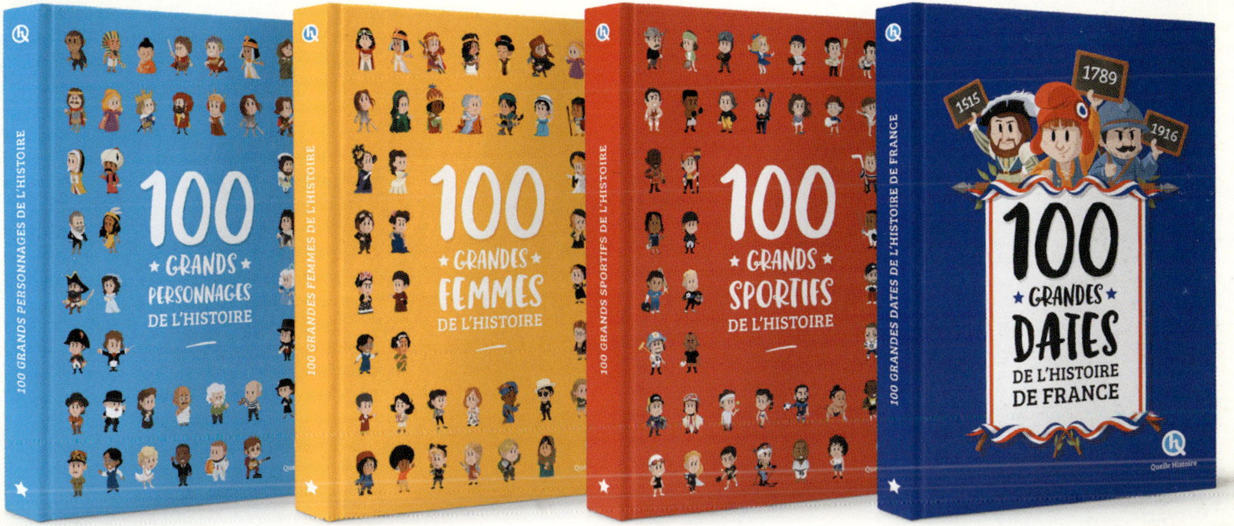

Chers parents, vous aimez Quelle Histoire ? Rejoignez-nous sur les réseaux sociaux !